CATALOGUE

D'UNE PRÉCIEUSE COLLECTION

De Tableaux des trois Écoles, Deſſins montés & en
feuilles, de belles Eſtampes montées, Terres cuites,
Figures de bronze, Vaſes de porphyre, d'agate &
autres matieres précieuſes; Porcelaines anciennes,
Meubles de Boule & autres Objets rares & curieux.

Par J. B. P. LE BRUN, Garde des Tableaux de Mgr le
Comte d'Artois.

La Vente en ſera faite le Lundi 10 Décembre 1787,
& jours ſuivans, rue de Cléry, n°. 96, où l'on
verra l'expoſition les quatre jours qui précéderont,
depuis dix heures du matin juſqu'à une heure.

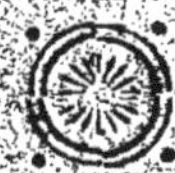

Il ſe diſtribue à PARIS,

Chez M. LE BRUN, rue de Cléry, n°. 93.

1787.

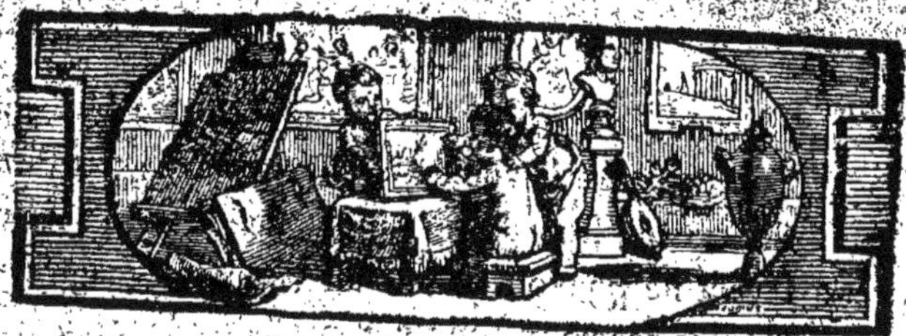

SUITE ET SUPPLÉMENT

AU CATALOGUE

DE M. LE DUC DE CH***

TABLEAUX.

COPIE DE RAPHAEL.

N°. 100 UNE très-belle copie de l'Ecole d'A-
thenes de Raphaël, peinte à Rome. Hauteur 3
pieds, largeur 4 pieds.

Attribué à LÉONARD DE VINCI.

101 Un Tableau représentant l'Enfant Jésus qui ca-
resse Saint Jean ; composition agréable sur bois.

J. P. PANINI.

101 *bis* Deux Tableaux de la plus riche composition : l'un représente l'intérieur de Saint-Pierre de
Rome pris dans son point de vue le plus favorable
& le plus heureux pour les effets de lumiere ; il

A ij

eſt orné de figures diſtribuées avec art : le ſecond
Tableau offre la vue entiere de la place Saint Pierre
& toute la face de ce temple fameux. Cet Artiſte
ſavant ne pouvoit choiſir un lieu plus magnifique
& plus ſpacieux pour y repréſenter l'entrée céré-
moniale de M. le Duc de Choiſeul lors de ſon
ambaſſade à Rome. Tout ce que nous pourrions
détailler des beautés de ces deux Tableaux & du
précédent, ne pourroit jamais les rendre avec la
diſtinction qu'ils méritent. Hauteur 5 pieds 3 pouces, largeur 6 pieds 10 pouces. T. Ils ont fait partie de la Collection de M. le Duc de Choiſeul.

PAR LE MÊME.

102 La Vue de pluſieurs monumens antiques. Sur la
droite on voit auprès des ruines du Coliſée un obé-
liſque de granit ; à gauche on voit l'arc de Conſ-
tantin, & plus loin les ruines du temple du Soleil. Ce Tableau, du beau faire de J. Paul Pan-
nini, eſt enrichi ſur les devans de huit figures principales. Hauteur 39 pouces ; largeur 36 pouc. T.

LE CHEVALIER VOLLAIRE, ET FOSCHI.

103 Deux Tableaux ; l'un repréſent. une éruption du
Véſuve, l'autre un hiver : on compare avec intérêt
ces oppoſitions du froid à la plus vive chaleur,
qui ſont rendus avec une vérité étonnante. Haut.
20 pouces, largeur 42 pouces. T.

LABRUZZI.

104 Deux Vues d'Italie ; l'une eſt celle du temple

de la Sybille Tiburtine à Tivoli ; l'autre offre le
ruines du temple du Soleil. Ces deux jolis Tableaux
tiennent de la maniere de Lucatelli : ils font de
forme ovale en travers. Hauteur 18 pouces , larg.
26 pouces. T.

ALBERT CUYP.

105 La Vue d'une campagne ; à droite , & fur le
premier plan , l'on voit un cavalier fur un cheval
brun ; non loin eft un berger avec quelques moutons , & des chiens de chaffe, qui courent de
droite & de gauche ; du même côté , un homme
monté fur un cheval blanc galope à toute bride ,
& paffe près d'un jeune garçon qui tient un bâton
à la main ; à gauche & fur le fecond plan s'offre
un château orné de ftatues devant lequel on voit
encore des cavaliers, des figures à pied & des
beftiaux ; le fond eft un lointain clair & agréable.
Ce Tableau , d'une exécution parfaite, peut être
regardé comme un des plus beaux de ce Maître.
Il a fait partie de la vente de M. Slingelandt à Dort,
& a été enfuite adjugée à 4499 livres 19 fols dans
la vente de M. Dubois. Hauteur 46 pouces , largeur
66 pouces. T.

DAVID TÉNIERS.

106 Le Laboratoire d'un Chymifte où l'on compte
quatre figures ; fur le devant à gauche, le Chymifte vu de profil, vêtu d'une robe bleue, eft
affis fur un efcabel devant des fourneaux. Sa tête

est coëffée d'un bonnet bleu, garni d'une fourrure;
une barbe blanche descend sur sa poitrine; il est
occupé à souffler des charbons sur lesquels est un
creuset: on voit à terre un grand livre ouvert posé
sur d'autres fermés; un jeune homme vu de face
en plan coupé, & dans la demi-teinte, paroît faire
des questions sur une phiole qu'il tient dans sa
main. Dans le fond, deux jeunes garçons, l'un assis
vu de profil, & l'autre debout vu par derriere, font
diversement occupés; ils font à une table près d'un
fourneau allumé, & sur lequel on voit un alambic.
Tous les accessoires dépendans de la Chymie ornent
les différens plans du laboratoire au plancher duquel on voit un poisson desséché suspendu. Ce
Tableau, du ton le plus argentin, réunit dans
toutes ses parties la perfection d'un chef-d'œuvre.
Hauteur 14 pouces, largeur 20 pouces 6 lignes.

PAR LE MÊME.

107 Une Kermesse ou Fête de Village Flamande;
composition très-riche de plus de soixante figures:
à droite, auprès d'une auberge dont on voit l'hô-
tesse sur la porte, nombre de paysans & de pay-
sannes font rangés à plusieurs tables; sur le devant, six hommes & six femmes dansent au milieu
d'un cercle considérable parmi lequel on remarque
le joueur de musette monté sur un tonneau; à
gauche, dans l'éloignement, un groupe de figures
en gaieté entrent dans une auberge; près d'eux on

voit encore une femme qui s'efforce de relever un homme ivre tombé à terre. Ce Tableau, éclairé par le soleil couchant, est un des plus riches & des meilleurs ouvrages de ce Maitre. Hauteur 17 pouces, largeur 22 pouces 4 lignes. Il se trouve gravé par M. Daudet dans le choix des Maitres Flamands & Hollandois que je fais graver, & a été vendu 3021 l. à la vente de M. le Chevalier Lambert.

PAR LE MÊME.

108 La Vue du canal de Bruxelles : le devant, orné de sept figures, offre trois pêcheurs dans l'eau, occupés à retirer des filets ; plusieurs autres sont à terre ; huit autres figures sont distribuées sur dif-férens plans ; la gauche est occupée par un châ-teau d'architecture gothique, & flanquée de tou-relles. Ce précieux Tableau est d'une touche fine & brillante, & du ton le plus argentin. Hauteur 15 pouces, largeur 25 pouces. B.

PAR LE MÊME.

109 L'intérieur d'une chambre où l'on voit sur la gauche un homme assis jouant de la cornemuse, & dans le fond près d'une cheminée, quatre autres dont deux jouent aux cartes. Ce Tableau, d'une grande harmonie, est d'un faire vigoureux & d'une touche large. Hauteur 20 pouces, largeur 18 pouces. T.

JACQUES RUISDAAL & PH. WOUWERMANS.

110 La Vue du canal de la Haye, où l'on voit au-delà sur la droite une partie de la maison du

Prince d'Orange. Ce Portrait exact du lieu est enrichi dans le milieu d'une allée d'arbres servant de promenade publique ; sur les différens plans plusieurs voitures attelées, des cavaliers, & nombre de grouppes & de figures variées & agréables, ornent ce Tableau de la plus grande harmonie & de l'effet le plus piquant. Hauteur 22 pouces, larg. 29 pouces. T.

ADRIEN VAN OSTADE.

111 L'intérieur d'une Chambre de paysans : l'on y compte dix figures : sur les premiers plans, on voit auprès d'une cheminée quatre hommes autour d'une table ; le plus remarquable est vêtu d'une veste bleue & porte un tablier de peau ; sa tête, vue de face, est coëffée d'un petit chapeau, & son bras droit appuyé sur la table tient une pipe dans sa main : vers le milieu, un autre, coëffé d'un bonnet, joue du violon ; on voit dans la cheminée un petit garçon qui s'amuse avec les pincettes, & à gauche, dans l'éloignement, on apperçoit auprès d'une fenêtre deux hommes qui jouent aux cartes ; un troisieme debout les regarde. Différens accessoires sont répandus çà & là. Ce Tableau, l'un des plus capitaux de ce Maître, offre l'harmonie & la couleur de ses meilleurs ouvrages ; on connoît toute la vérité & l'expression de ses figures ; celui-ci est précieux par le nombre de celles qui l'enrichissent. Hauteur 15 pouces 6 lignes, largeur 18 pouces. B. Il vient du Cabinet de M. Trouard.

G. TERBURG.

112 Le Portrait de Gaspard de Witt, Pensionnaire de Hollande ; on le voit à droite assis presque de face : il est vêtu d'un surtout de soie noire, & sa tête est coëffée de cheveux blonds qui descendent de chaque côté sur sa poitrine ; sa main droite est appuyée sur sa hanche, & de la gauche il tient une lettre ouverte : près de lui est une table couverte d'un tapis de velours rouge où l'on voit des livres, un pupître, une flûte & une écritoire, une carte de l'Europe est suspendue au mur. Ce Tableau, d'une belle couleur & d'une grande harmonie, est du meilleur tems de ce Maître. Hauteur 26 pouces 6 lignes, largeur 20 pouces. T.

J. WYNANTS & LINGELBAC.

113 Un Paysage dont les premiers plans représentent un grand chemin, dans lequel on voit un homme monté sur un cheval blanc à qui un pauvre suivi d'un enfant demande l'aumône ; à droite, un paysan monté sur un âne, accompagné d'une femme à pied, est prêt de passer sous une ancienne porte dont les murs touchent à des fabriques dont la principale est une tour servant de colombier ; la gauche offrant une monticule est séparée par une haie, auprès de laquelle s'élève un chêne ; un tronc d'arbre renversé parmi des plantes du plus précieux fini, enrichissent les devans : plus loin, sur une élévation, un jeune garçon & une jeune fille

gardent des moutons à l'entrée d'un petit bois : le lointain offre une riviere & des montagnes. Des arbres & quelques figures ornent encore les plans éloignés. Ce Tableau capital eſt du plus beau faire & de la plus belle conſervation. Hauteur 3 pieds 2 pouces & demi, largeur 4 pieds 6 lignes.

PH. WOUWERMANS.

114 Un Payſage dont les premiers plans offrent auprès d'un groupe d'arbres un homme qui coupe du bois; près de lui, un cheval blanc, vu de face, eſt chargé de fagots, & deux chiens ſont couchés à terre; des troncs d'arbres renverſés, des poules, des débris de charrue ſont autant de détails précieuſement finis, qui enrichiſſent ce premier plan; plus loin, une femme, chargée d'un fagot, s'en retourne vers un pont d'un arche, ſur lequel on voit deux voyageurs précedés d'un lévrier, & deux autres figures appuyées contre le parapet, l'une deſquelles pêche au filet; une ferme ſe voit à quelque diſtance. Ce Tableau, un des plus précieux de ce Maitre, joint à une conſervation parfaite, une compoſition agréable, un ton frais & un grand fini. Hauteur 17 pouces 4 lignes, largeur 14 pouces & demi. B.

G. DE LAIRESSE.

115 Aman confondu devant Aſſuérus ; compoſition capitale de quatre figures principales. Le Roi & Aman ſont à table chez la Reine ; que l'on voit

de profil , affife fur un trône & vêtue d'une robe lilas rayée d'or ; fa tête coëffée de cheveux noirs , & ceinte du diadême, a un caractere d'humilité ; Efther porte fa main droite fur fon cœur , & la gauche eft étendue vers Aman que l'on voit de face dans l'attitude de la confufion : un homme debout près de lui , vêtu d'un manteau violet , vient annoncer au Roi l'élévation de la potence pour Mardochée, & Affuérus commande le fup- plice pour fon favori. Le Roi eft vu de face à mi- corps ; il eft debout, la tête nue, & les épaules couvertes d'un manteau de pourpre ; fa tête porte un caractere d'indignation : devant lui , la table couverte de vafes & de plats d'or, eft ornée d'un tapis de Perfe. A droite on voit , fur un plan éloigné, les Officiers portant les mets. Le fite eft l'intérieur d'un palais d'une riche ordonnance, orné de colonnes & de ftatues de marbre ; des draperies vertes font relevées de chaque côté. Une compofi- tion des plus riches , des expreffions vraies diftin- guent ce Tableau capital, qui joint à l'harmonie & à la couleur de l'École Hollandoife, la nobleffe du ftyle & le grand caractere des compofitions hiftoriques des plus grands Maîtres. Hauteur 38 pouces 6 lignes, largeur 54 pouces. T.

GODEFROY SCHALCKEN.

116 Une Femme vue à mi-corps & de profil ; elle fouffle dans un réchaud de terre des charbons

ardens dont elle approche une chandelle qu'elle
veut allumer. Ce Tableau, d'une grande vérité, a
beaucoup d'harmonie, & le pinceau en eft moël-
leux. Hauteur 22 pouces 6 lignes, largeur 20
pouces. T.

N. B E R C H E M.

117 Un Payfage d'un fite pittorefque, offrant un
grand chemin dans des gorges de rochers, & un
torrent qui vient de la gauche & forme fur les
devans une riviere que des beftiaux traverfent à
gué. On y compte fept vaches & deux chevres,
conduits par cinq pâtres ; l'un fur la gauche eft
déja à terre, & amene la vache conductrice du
troupeau ; deux autres font au milieu de l'eau ;
au-delà une femme montée fur un mulet, accom-
pagnée de deux hommes, s'apprête à fuivre, &
l'on voit encore un peu plus loin deux vaches &
un homme fur un mulet auprès d'un rocher inac-
ceffible & très-élevé qui fépare deux chemins
ornés de quelques figures ; celui à gauche planté de
cyprès eft joint à la campagne par un pont de
planches que traverfe un homme conduifant une
bête de fomme ; le chemin à droite s'éleve entre des
rochers garnis de cyprès qui bornent la vue. Ce
Tableau capital réunit toutes les qualités d'un
chef-d'œuvre, uue compofition agréable & pittorefque, un fini précieux, une touche inimitable,
des tons vrais, une belle couleur rappellent aifé-

ment le nom de Berchem, c'est une de ses productions les plus capitales qui soit connue. Hauteur 24 pouces, largeur 16 pouces 6 lignes. B.

PAR LE MÊME.

118 Une Marine éclairée par un soleil couchant & vaporeux; sur les premiers plans, au bord de la mer, on voit quatre pêcheurs, & quatre autres personnages plus éloignés, dont l'un est habillé dans le costume levantin; de l'autre côté de l'eau est une galere à l'ancre : le fond est terminé par de grandes masses de rochers; la vapeur de ce Tableau, l'étendue de l'horison & la belle couleur en font un des plus beaux & des plus piquans que l'on connoisse. Hauteur 11 pouces, largeur 14. B.

JEAN ASSELYN.

119 Un beau Paysage d'un site pittoresque, orné sur la droite d'une masse de ruines & de buissons au bord d'une grande riviere qui coule entre des montagnes & vient occuper la gauche des premiers plans. Un troupeau de cinq vaches & de six moutons traversent l'eau; ils sont conduits par un Pâtre que l'on voit à droite sur le premier plan. La figure vue par le dos, porte 8 pouces & demi de proportion; il est vêtu d'un gilet de peau de mouton & d'une culotte bleue, & son chapeau est enfoncé dans sa tête; il jette une pierre avec sa houlette. Ce Tableau, éclairé au soleil couchant, est d'une vérité au-dessus de toute description; un ton chaud

& vigoureux, un pinceau facile caractérisent cette production des plus capitales de ce Maître. Hauteur 37 pouces, largeur 48. T.

P A R   L E   M É M E.

120 Un joli Paysage où l'on voit sur le premier plan un grouppe de trois figures; c'est une femme assise à terre & un cavalier qui tient encore la bride de son cheval que l'on voit près de lui; un homme leur sert à boire, un mulet près de lui, est chargé de bouteilles; dans l'éloignement on distingue plusieurs grouppes de figures, près des restes de plusieurs fabriques situées au pied d'une petite montagne; à droite on voit encore deux hommes au bord d'une riviere, & au-delà, un lointain de montagnes. Ce Tableau, éclairé au soleil couchant, est une des bonnes productions de ce Maître. Hauteur 14 pouces 6 lignes, largeur 16 pouces 6 lignes.

V A N   K E S S E L.

121 Deux Tableaux représentant des papillons, des insectes & des groseilles sur un fond blanc. Hauteur 4 pouces, largeur 5 pouces 3 lignes. C.

S.   F R A N C K.

122 Un Tableau représentant l'Adoration des Bergers peint sur cuivre.

E.   D E W I S T   dit   C A N D I D E.

123 Un Dessin à la plume & à l'encre de la chine

repréſentant Jéſus-Chriſt & ſes Apôtres ; ce deſſin qui a appartenu à la Reine Chriſtine de Suede eſt ſingulier & en même-tems bien précieux ; chaque figure contient un article du Symbole écrit à la plume en caractere ſi fins, qu'ils ſont preſqu'imperceptibles & ne dérangent aucunement les traits du deſſin : c'eſt un Médecin du Pape Grégoire XIII, qui a fait en 1585 ce chef-d'œuvre de chyrographie.

V E R M E Y E R.

124 Un Tableau repréſentant les Noces de Thétis & de Pelée, peint ſur cuivre du tems de Rubens.

A N T O N I S S E N S.

125 Une Prairie où l'on voit quatre vaches ſur différens plans, un Pâtre, une femme & un chien. Ce Tableau très-vrai & d'un fini agréable & précieux, porte de hauteur 27 pouces, largeur 32 pouces. Cet Artiſte a été le maître de M. Ommeganck, l'un des plus grands Peintres d'animaux de ce ſiecle.

M. B. F. R O B A R T.

126 Six Tableaux de fleurs & de fruits : ces Tableaux très-fins & d'une compoſition agréable, ſont dans la maniere de Van Huyſum, à l'école duquel M. Robart a puiſé les principes de ſon art, & ſes productions ont le charme de la couleur flamande. B.

P A R L E M Ê M E.

127 Un Payſage dans lequel on voit deux jeunes filles

qui jouent avec un ferin. Hauteur 16 pouces, largeur 11 pouces.

P A R   L E   M E M E.

128 Un Tableau repréfentant une nourrice & fon
enfant endormi. Ce Tableau, dans la maniere de
Wanderwerf eft peint fur cuivre. Hauteur 9 pouces
& demi, largeur 20 pouces.

Par différens Maîtres.

129 Vingt-huit Tableaux , par David Téniers le
vieux , Voorhoot , Palamedes , &c. qui feront
divifés.

A N T O I N E   W A T T E A U.

131 Deux Tableaux, Payfages & Figures, repréfen-
tans des amufemens champêtres ; l'un compofé de
fix figures & l'autre de quatre. Ces deux morceaux
font gravés & font partie de l'œuvre de ce Maître.
Il vient de la vente du Prince de Conti. Hauteur 16
pouces, largeur 13 pouces. T.

J. B. P A T E R.

131 Deux Tableaux des plus fins de ce Maître, dont
un compofé de dix figures fur le devant d'un
bofquet orné de vafes & de ftatues ; on voit fur
le devant un grouppe de trois perfonnages , dont
une jeune femme vêtue en blanc , tenant une guittarre & converfant avec deux hommes, dont un fur
le devant , habillé à l'efpagnol & l'autre en pierrot ;
plus loin on voit trois autres perfonnages qui femblent

les

les écouter. L'autre repréfente cinq figures à l'entrée
d'un bois , dont une jeune fille vue de profil, ajuftée
d'un corfet de taffetas rayé & d'une jupe blanche,
tenant un livre de mufique, accompagnant un homme
qui joue de la flûte ; devant eux eft un homme vêtu
à l'efpagnol , affis , vu par le dos & tenant une
guittarre ; dans le fond on apperçoit deux autres
figures qui paroiffent fe promener. Ces deux morceaux font d'une couleur fuave & brillante ; ils
viennent de la vente de M. le Chevalier de Clainne,
n°. 59 de fon Catalogue. Hauteur 14 pouces, largeur 12 pouces.

M. V E R N E T.

132 Un Tableau capital , repréfentant une fontaine
au bord de la mer , un pavillon agréable s'éleve
fur la droite, nombre de figures ornent les différens
plans ; des vaiffeaux paroiffent en pleine mer , l'arc-
en-ciel paroît dans l'éloignement. Ce Tableau, d'une
couleur brillante , eft un des ouvrages diftingués de
cet habile Maître. Hauteur 3 pieds, largeur 4 pieds. T.
Ce Tableau a été vendu chez M. de Baujon 3900 l.

M. G R E U Z E.

133 Un Tableau repréfentant une belle femme à fa
croifée, fon bras gauche eft appuyé fur un vafe de
fleurs , & fa main tient une lettre ; l'air gracieux
de fa tête & l'attitude de fa main droite indiquent
qu'elle envoye un baifer ; la lumiere éclaire artifte-
ment fa gorge & un grand rideau qui pend au

B

dehors de la fenêtre, ce qui forme une belle oppo-
fition & produit un bel effet. Ce Tableau eſt très-
fini & d'un beau tranſparent. Il eſt gravé dans le
cabinet de M. le Duc de Choiſeul.

M. IMBERT.

134 L'Intérieur d'une Chambre où l'on voit une jeune
fille aſſiſe auprès d'une table, occupée à tirer les
cartes; elle eſt vêtue d'un juſte rouge & d'une
jupe blanche; ſon corſet eſt délacé & ſon fichu
laiſſe voir ſa gorge demi découverte, la figure a
le caractere de la réflexion : on voit dans la chambre
divers acceſſoires de modes; des gazes, des rubans,
des plumes, un chapeau couvrent une table qui eſt
ſur la droite. Ce petit Tableau très-harmonieux, eſt
d'une touche fine & délicate, & d'une compoſition
agréable. Hauteur 1 pied, largeur 10 pouces 3
lignes. B.

PAR LE MÊME.

135 L'Intérieur d'une Maiſon ruſtique, où l'on voit
ſur le devant des légumes & des uſtenſiles de cui-
ſine grouppés enſemble; vers le milieu, ſur le ſecond
plan, une jeune fille & un payſan ſont à table occupés à boire; à gauche on voit un renfoncement dans
la demi teinte, où du linge eſt étendu ſur des cordes.
Ce Tableau, d'une compoſition agréable, a toute
l'harmonie des bons Maîtres hollandois : l'on remarque une grande vérité dans tous les détails & beau-

coup de finesse dans la touche. Hauteur 9 pouces,
largeur 7 pouces & demi. B.

M. M o u c h e t.

136 Une jeune Fille nue entrant dans son lit & appe-
lant un petit chien. Ce Tableau est connu par la
gravure qu'en a faite M. Louis d'Arcisse, sous le
titre du *Couchez là*, Tableau de forme ovale. Hauteur 10 pouces, largeur 7 pouces 6 lignes. C.

Par M o o r, *Anglois*.

137 Une Vue du Lac de Genève, & une vue du Mont
Blanc : ces deux Tableaux, composés d'une maniere
simple & grande, annoncent l'exactitude & sont
distingués par une vérité de vapeur aërienne que
l'on rencontre rarement dans les ouvrages modernes.
Hauteur 36 pouces, largeur 48 pouces. T.

138 Plusieurs Tableaux & autres Objets qui seront
divisés dans le cours des Vacations.

D E S S I N S   M O N T É S
D E S   T R O I S   É C O L E S.

P. C o r t o n n e.

139 Saint Charles-Borromée faisant des miracles, composition de 17 figures ; ce beau dessin a toujours été
attribué à Pietre de Cortonne, il est lavé au

biſtre & rehauſſé de blanc. Hauteur 21 pouces 6 lignes, largeur 15 pouces.

GASPARO VANVITELLY.

140 Deux Gouazzes, l'une repréſentant la vue de la place Navonne à Rome, l'autre eſt celle de la place Saint Marc à Véniſe; elles ſont enrichies de petites figures d'une grande vérité : ces deux morceaux ſont intéreſſans par leur ſite & le mérite d'être exécutés par un Maître auſſi habile. Hauteur 8 pouces 6 lignes, l'argeur 16 pouces.

C. BERNIN ET F. LEMOINE.

141 Deux Deſſins montés ſous un cadre à deux faces; l'un par le C. Bernin, repréſente l'adoration des Bergers, très-belle compoſition de douze figures lavées à l'encre de la Chine ſur papier gris rehauſſé de blanc ; l'autre repréſente un plafond, ſujet allégorique à la gloire de Louis XV, deſſin aux crayons noir & blanc ſur papier bleu. Hauteur 22 pouces, largeur 18 pouces.

J. PAUL PARINI.

142 Les ruines d'un Palais, où l'on y voit trois coupoles ſoutenues ſur des colonnes; à gauche eſt la ſtatue d'Hercule, & plus loin celle de Marc-Aurele, le fond offre d'autres monumens; les différens plans ſont ornés de figures touchées avec une grande facilité.

Le pendant du précédent repréſente un veſtibule dé-

coré d'arcades ifolées & foutenu fur des colonnes ;
l'on y voit une ftatue coloffale d'Apollon , à droite
un tombeau de Porphyre & des Fragments de
bas relief ; fur une baluftrade élevée on voit deux
hommes qui étendent un tapis : ces deux deffins à
l'encre de la Chine légérement coloriés, portent
de hauteur 15 pouces 6 lignes , largeur 12 pouces.

CARLE MARATTE.

143 Le Portrait de ce peintre eft découvert par le
génie de la Peinture , Minerve l'orne de fleurs ,
& la Peinture caractérifée par une femme affife
au-deffous, le contemple , deux petits genies portent fes attributs , un porte-crayon & un porte-
feuille. Hauteur 17 pouces, largeur 12 pouces.

P. PALMERIUS.

144 Deux beaux deffins d'un précieux fini à la plume
fur papier blanc , ils font dans le ftyle de Salvator
Rofa. Hauteur 15 pouces , largeur 21 pouces.

PAR LE MÊME.

145 Un Payfage repréfentant des rochers ; on y voit
deux figures , deux chevaux paroiffent dans le bas
en plan coupé ; ce deffin à la plume fur papier
blanc de forme ronde , a 9 pouces 6 lignes de
diamètre.

JEAN BOTH.

146 Un Payfage richement compofé ; de grands
arbres s'élevent fur la droite peu éloignés d'une

riviere qui eſt traverſée d'un pont ; des collines terminent ce deſſin d'un bon effet , & orné de figures & animaux ; il eſt à l'encre de la Chine ſur papier blanc. Hauteur 19 pouces 6 lignes, largeur 14 pouces.

ADRIEN VAN OSTADE.

147 Un deſſin colorié précieuſement terminé , repréſentant deux hommes qu jouent au trictrac , un troiſieme qui tient une pipe & un pot les conſidere ; dans le fond on apperçoit deux hommes auprès d'une cheminée ; divers acceſſoires ſont répandus ſur les différents plans de ce deſſin rare qui eſt rempli de vérité. Hauteur 6 pouces 3 lignes, lar5 pouces 3 lignes.

ALBERT KUYP.

148 Un Deſſin légérement colorié , où l'on voit dans une piece d'eau trois vaches que deux jeunes garçons font boire ; dans le fond on voit quelques montagnes. Hauteur 8 pouces 6 lignes , largeur 10 pouces 6 lignes.

NICOLAS BERGHEM.

149 Un Deſſin capital & terminé ; l'on voit à droite un Pâtre monté ſur un mulet , qui agace un chien avec une baguette ; la gauche eſt occupée par une femme qui tient un panier ſur ſa hanche , tandis qu'une vache derriere elle boit dans une grande cuve : une autre vache , deux moutons & un bélier

enrichiſſent encore cette compoſition que Berchem a gravée lui-même pour le titre de quatre ſujets de même grandeur. Ce deſſin doit être regardé comme une de ſes meilleures productions. Hauteur 13 pouces 6 lignes, largeur 17 pouces 6 lignes.

LOUIS BACKHUISEN.

150 Deux vues de mer; l'une offre ſur les premiers plans trois matelots, l'un roule une barrique à terre; ſur la gauche un rocher s'éleve au milieu des eaux; l'autre repréſente une barque avec des pêcheurs, & ſur la gauche un grouppe de cinq figures au bord de la mer; une grande étendue d'eau ſe perd dans l'horiſon. Ces deux jolies deſſins ſont lavés à l'encre de la Chine ſur papier blanc. Hauteur 8 pouces 6 lignes, largeur 6 pouces 6 lig.

A. WATERLOO.

151 Un beau Payſage, dont la droite eſt occupée par un chein à la ſortie d'un bois, & la gauche par des villages dans un ſite entrecoupé de rivieres. Ce deſſin de la plus grande vérité eſt à la pierre noire & à l'encre de la Chine ſur papier blanc. Hauteur 25 pouces, largeur 23 pouces.

VANDER DOES.

152 Un beau Payſage, dont la gauche eſt ornée de beſtiaux que l'on voit en repos, & près d'eux un âne chargé; plus loin une femme & deux enfans vont puiſer de l'eau à une fontaine : ce deſſin ca-

pital eſt au biſtre & à l'encre de la Chine ſur papier blanc. Hauteur 16 pouces, largeur 21 pou.

G. DEHEUS.

153 Deux Deſſins repréſentant des intérieurs de forêt;
l'un offre des baigneuſes dans une partie d'eau formée par des ſources ; l'autre repréſente des bai-
gneurs : ces deux deſſins d'un bon effet & très-fins,
ſont au biſtre ſur papier blanc. Hauteur 11 pouces, largeur 15 pouces.

V. WORST.

154 Les ruines de pluſieurs Monumens & Fabriques
d'Italie au milieu d'un grand chemin, où l'on voit
deux hommes qui conduiſent des beſtiaux & un
mulet : ce beau deſſin eſt lavé à l'encre de la
Chine ſur papier blanc. Hauteur 12 pouces, largeur 18 pouces.

J. G. WAGNER.

155 Deux jolis Payſages ornés de Fabriques ; dans
l'un on voit ſur la droite un cheval attelé à une
charrette , un homme ſuit derriere ; l'autre offre
ſur les premiers plans un homme monté ſur un
âne accompagné d'une femme à pied : ces deux
gouazzes précieuſement peintes ſont encore enrichies de maſſes de payſages & de montagnes.

PAR LE MÊME.

156 Un Payſage ouvert où l'on voit ſur le devant

un Pâtre conduisant deux vaches, & dans l'éloignement une grande étendue de payfages. Hauteur 6 pouces, largeur 8 pouces.

PAR LE MÊME.

157 Un Payfage d'un fite montagneux ; fur le devant un Pâtre qui conduit quatre différents beftiaux. Hauteur 5 pouces 3 lignes, largeur 5 pouces 6 lignes.

PAR LE MÊME.

158 Un Payfage d'un fite pittorefque ; on y voit des chaumieres : cette gouazze eft dans le ftyle de C. Everdingen. Hauteur 4 pouces 9 lignes, largeur 6 pouces.

LINDER.

159 Deux Deffins coloriés repréfentant des vues de Hollande ; l'une offre un grand canal chargé de divers bâtiments près d'une maifon qui eft dominée par une montagne ; l'autre repréfente un canal glacé où l'on voit dix-fept figures, dont plufieurs patinent : la vérité & la fineffe de ces deffins ne laiffent rien à défirer. Hauteur 10 pouces, largeur 13 pouces.

A. ZINGG.

160 Deux Payfages, vues de Suiffe enrichies de quelques figures ; ils font lavés à l'encre de la Chine fur papier blanc. Hauteur 8 pouces 6 lignes, largeur 10 pouces.

DESSINS.

A. SCHOUMAN. 1747.

161 Deux gouazzes ; l'une repréſente un catakoës, un perroquet, & un canard ; l'autre offre des faiſans & des dindes ; les fonds ſont ornés d'architecture. Hauteur 10 pouces 6 lignes , largeur 9 pouces.

B. A. DUNKER. 1770.

162 Deux Payſages ornés de ruines , de Fabriques & de monuments : deſſins lavés à l'aquarelle ſur papier blanc ; on y remarque beaucoup de vérité & de goût. Hauteur 12 pouces 6 lignes , largeur 17 pouces.

Ph. HAKKERT.

163 Deux vues d'Italie peintes à gouazze ; l'une priſe de Viecci , offre des fabriques près d'un pont de deux arches ; des maſſes d'arbres & de hautes montagnes enrichiſſent encore cette compoſition ; l'autre offre la vue d'un chemin à Soriento ; des fabriques ornent les différents plans de la campagne qui s'étend au loin & ſe perd dans la vapeur : ces gouazzes ſont diſtinguées par une touche brillante & facile , & une grande fermeté de ton. Hauteur 11 pouces 6 lignes , largeur 16 pouces 6 lignes.

HACKERT.

164 Deux petites Gouazzes ; l'une offre ſur le devant un homme & une femme qui conduiſent un âne & deux chèvres ; l'autre repréſente un troupeau

qui traverfe une petite riviere auprès d'une ruine.
Hauteur 8 pouces & demi, largeur 10 pouces.

GESSNER.

165 Un Payfage d'un ftyle noble & févere , dans le
genre du Gafpre, le fite entrecoupé de rivieres eft
orné de monumens. On y compte cinq figures fur
différens plans. Le jour , diftribué d'une maniere
neuve & piquante, produit les effets les plus agréables. Ce deffin, à l'encre de la chine, eft rehauffé
de blanc. Hauteur 16 pouces , largeur 21 p.

Mademoifelle RIDDERSBOSCH, 1780.

166 Un Deffin à la plume, dans la maniere de l'eftampe, repréfentant le lever d'une femme, d'après
le tableau de Watteau qui étoit chez le Baron de
Tiers Mentenat en Ruffie. Hauteur 15 pouces &
demi, largeur 12 pouces & demi.

PAR LA MÊME.

167 L'Adoration des Bergers, compofition de douze
figures , d'après Dietrich. L'on ne peut pouffer
l'imitation à un point plus parfait , & l'illufion eft
complette. Ce Deffin, ainfi que le précédent qui
eft de la même grandeur, offrent le plus précieux
fini.

MINIATURE.

168 Deux Pots de terre avec des fleurs ; dans l'un font
des capucines , dans l'autre de giroflées ; une caraffe

à demi pleine d'eau , fe voit encore fur une table de marbre qui les foutient. Hauteur 22 pouces , largeur 20 pouces.

MICHEL CORNEILLE.

169 Deux Deſſins à la plume & au biſtre , rehauſſés de blanc , fur papier gris ; l'un repréſente le Retour d'Apollon chez Thétis ; l'autre eſt une copie du bain des Nymphes de Diane , d'après *l'Albane*. Hauteur 15 pouces , largeur 19 pouces & demi.

EDME BOUCHARDON.

170 Sainte Thérèſe , d'après le portrait original en-voyé d'Efpagne à la Reine de France. Cette Sainte eſt vue en buſte les deux mains jointes. Ce Deſſin précieuſement terminé , eſt à la fanguine fur papier blanc. Hauteur 7 pouces & demi, largeur 5 pouc.

PAR LE MÊME.

171 Un Génie vu debout les bras croiſés ; dans le fond , une lyre, un thyrſe & un flambeau paroiſſent des attributs variés de la Poëſie ; contr'épreuve de forme ovale. Hauteur 9 pouces & demi , largeur 8 pouces.

PAR LE MÊME.

172 Deux Études des figures de la Fontaine de Gre-nelle ; Deſſins à la fanguine fur papier blanc. Hauteur 23 pouces ; largeur 17 pouces.

PAR LE MÊME.

173 Un grouppe de deux figures dont une debout

& l'autre couchée ; Deſſin à la ſanguine ſur papier
blanc. Hauteur 23 pouces , largeur 18 pouces.

PAR LE MÊME.

174 Une Étude d'homme aſſis , appuyé de la main
ſur un bâton. Hauteur 27 pouces , largeur 17 pouc.

PAR LE MÊME.

175 Une Étude d'homme aſſis ; & tirant une corde.
Hauteur 18 pouces , largeur 23 pouces.

F. BOUCHER.

176 Cinq Deſſins à la plume & aux crayons rouge
& noir , de différentes grandeurs , qui feront dé-
taillés.

CHARLES EISEN.

177 Deux ſujets allégoriques ; l'un ſur la Peinture ,
l'autre ſur la Poëſie : ces deux Deſſins capitaux
ſont pleins de chaleur , & ont beaucoup de mérite , ils ſont aux crayons noir & blanc ſur papier
bleu. Hauteur 23 pouces , largeur 39 pouces.

J. B. LE PRINCE.

178 Une Bergere endormie qu'un jeune Berger en-
chaîne de guirlandes de fleurs , tandis qu'un autre
emporte ſon panier , ſa houlette & ſon agneau ,
malgré les aboiemens du chien ; pluſieurs moutons
ſont grouppés auprès d'elle. Ce Deſſin capital eſt
lavé à l'encre de la Chine ſur papier blanc. Haut.
18 pouc. & demi , larg. 24 pouc.

PAR LE MÊME.

179 Deux Deſſins ; ſujets de Comédie. L'un eſt
compoſé de trois figures, la principale joue de la
mandoline ; l'autre offre le même nombre de
figures, & auſſi un jeune homme jouant de la
mandoline ; une jeune femme le couronne, un
homme vêtu en Caſſandre prête l'oreille, des ſacs
d'argent ſont à ſes pieds. Ces deux Deſſins à l'encre
de la Chine ſur papier blanc, ſont agréables &
d'un bon effet. Hauteur 16 pouces, largeur 14
pouces.

PAR LE MÊME.

180 Un Payſage. Les premiers plans offrent un grand
chemin. Vers le milieu, un homme & une femme
ſont endormis au pied d'un grouppe de grands
arbres ; à gauche, un pâtre, vu en plan coupé,
conduit un troupeau de beſtiaux. Ce Deſſin au
biſtre ſur papier blanc, eſt plein de goût &
d'effet. Hauteur 20 pouces, largeur 15 pouces.

PAR LE MÊME.

181 Une Baraque de payſan ſur le bord d'une riviere où l'on voit dans une barque trois pêcheurs ;
Deſſin lavé de biſtre ſur papier blanc. Hauteur 11
pouces, largeur 8 pouces.

PÉRIGNON.

182 Deux jolies Gouazzes ; l'une repréſente l'entrée
de la ville de Dort, l'autre eſt une vue des gla-

ciers de la Suisse. Hauteur 6 pouces & demi, largeur 9 pouces & demi.

PAR LE MÊME.

183 Une Vue de Hollande prise des environs de Rotterdam. Hauteur 6 pouces, largeur 9 pouces.

PAR LE MÊME.

184 Deux jolis Dessins légérement coloriés, repréfentant des vues de riviere & fabrique d'un genre piquant. Hauteur 9 pouces, largeur 11 pouces & demi.

M. TARAVAL, 1776.

185 Une Nymphe au milieu d'un bois ; elle porte la main droite fur fon vifage, tandis qu'elle tient des fleurs de la gauche. Ce Dessin a beaucoup de grace & de vérité. Hauteur 19 pouces, largeur 24 pouces.

LA RUE.

186 Un Dessin d'une grande compofition, à la plume & au biftre, rehauffé de blanc, repréfentant un champ de bataille ; les devans préfentent des attaques de cavalerie, dont le principal grouppe offre un choc de trois cavaliers cuiraffés. Ce Dessin terminé, & d'un effet piquant, eft un des plus capitaux de ce Maître. Hauteur 8 pouces, largeur 18 pouces.

M. PIERRE.

187 Une Etude de femmes au paftel ; elle eft vue

de trois quarts un peu penchée , une feuille de
vigne eſt paſſée dans ſes cheveux : Ce deſſin eſt
ſur papier bleu. Hauteur 16 pouces 6 lignes, largeur 13 pouces.

PAR LE MÊME.

188 La Vierge & l'Enfant-Jéſus endormi gardé par
un ange , des chérubins qui les environnent jouent
enſemble : deſſin au biſtre ſur papier blanc. Hauteur 15 pouces , largeur 11 pouces 6 lignes.

PAR LE MÊME.

189 Ruth & Booz , compoſition de quatre figures :
deſſin lavé d'un biſtre rougeâtre ſur papier blanc.
Hauteur 12 pouces, largeur 16 pouces.

PAR LE MÊME.

190 Deux Etudes de femmes nues ; l'une eſt debout,
l'autre eſt aſſiſe : deſſin aux crayons noir & blanc
ſur papier gris. Hauteur 20 pouces , largeur 17
pouces.

M. LAGRENÉE, l'aîné.

191 Deux Deſſins à l'encre de la Chine ſur papier
blanc ; l'un repréſente le Jugement de Pâris ,
compoſition de cinq figures au biſtre ſur papier
blanc ; l'autre eſt la Fécondité caractériſée par une
femme environnée d'enfans. Hauteur 15 pouces 6
lignes, largeur 18 pouces 6 lignes.

PAR LE MÊME.

192 Diane ſurpriſe au bain par Actéon , compoſition

tion de cinq figures : deſſin capital & très-terminé, lavé à l'encre de la Chine ſur papier blanc. Hauteur 18 pouces, largeur 24 pouces.

PAR LE MÊME.

193 Vénus qui allaite l'amour, l'on voit Mars à ſes côtés : deſſin lavé à l'encre de la Chine ſur papier blanc. Hauteur 15 pouces, largeur 11 pouces 6 lignes.

PAR LÉ MÊME.

194 Deux Deſſins au crayon rouge ſur papier blanc ; repréſentant l'un une étude d'homme à genoux, & l'autre une étude de femme aſſiſe. Hauteur 25 pouces, largeur 16 pouces.

M. LAGRENÉÉ, le jeune.

195 L'Apothéoſe de Pſyché ; on voit les Dieux aſſemblés dans l'Olympe, & Pſyché qui s'avance vers Jupiter. Cette compoſition de onze figures eſt deſſinée au biſtre & à l'encre de la Chine rehauſſée de blanc ſur papier gris. Haut. 19 pouc. 6 lignes, larg. 22 pouces.

PAR LE MÊME.

196 Deux Deſſins au biſtre ſur papier blanc ; l'un repréſente Vénus qui reçoit la pomme des mains de Pâris ; compoſition de quatre figures. L'autre repréſente Titon & l'Aurore. Ces deux deſſins ſont faits avec eſprit. Hauteur 20 pouces, largeur 15 pouces.

C

DESSINS.

PAR LE MÊME.

197 Une Caravanne dans le genre de Benedette, compofée de douze figures & d'animaux; deffin au biftre rehauffé de blanc fur papier gris. Hauteur 19 pouces 6 lignes, largeur 21 pouces 6 lignes.

PAR LE MÊME.

198 Le Sacrifice de Jephté, compofition de fept figures deffinée à la plume, lavée de biftre & rehauffée de blanc. Hauteur 12 pouces, largeur 15 pouces.

M. VERNET.

199 La vue d'une grande Riviere à fon embouchure, offrant un port défendu par des rochers élevés, au bas defquels s'élevent une tour quarrée & des murs de fortifications ; fur le devant on voit un pêcheur affis & une femme debout ; à gauche des arbres, des pêcheurs, & un vaiffeau à la voile enrichiffent différents plans. Ce beau deffin eft à la pierre noire & à l'encre de la Chine fur papier blanc. Hauteur 13 pouces, largeur 18 pou.

PAR LE MÊME.

200 Deux Deffins ; l'un offre dans un payfage un arbre élevé & touffu près d'une riviere, au bord de laquelle un pêcheur retire un poiffon pris à fa ligne ; l'autre repréfente auffi une campagne arrofée d'une riviere, un batelier amene à terre fon bateau, une femme de bout vue par le dos,

tient une grande ligne & un panier ; la gauche offre des rochers élevés couronnés de bâtiments, & le lointain, un vaiſſeau en pleine mer : ce deſſin, comme le précédent, eſt à la pierre noire & à l'encre de la Chine ſur papier blanc. Haut. 13 pouc. 6 lig. largeur 8 pouces 6 lignes.

M. ROBERT.

201 Deux beaux Deſſins ; l'un offre le deſſous d'un Périſtile orné de colonnes & de grands eſcaliers que montent & deſcendent diverſes perſonnes ; & pluſieurs beſtiaux dans le milieu d'une piece d'eau ; un palais, d'une belle ordonnance, s'éleve ſur un plan éloigné & termine la vue ; l'autre repréſente ſur une élévation le temple de Fauſtine, & à gauche un grand arbre , nombre de figures de femmes très-agréables & bien grouppées enrichiſſent ce deſſin, qui, ainſi que le précédent, eſt à l'encre de la Chine ſur papier blanc. Hauteur 16 pouces 6 lignes , largeur 22 pouces.

PAR LE MÊME.

202 Un Deſſin hiſtorique & ſingulier richement compoſé , orné de beaucoup de figures & d'acceſſoires pittoreſques. Hauteur 16 pouces , largeur 14 pou. 6 lignes.

PAR LE MÊME.

203 L'intérieur d'un appartement , où l'on voit une

femme affise qui fait repeter la leçon à une petite fille. Hauteur 10 pouces 6 lignes, largeur 13 pou. 6 lignes.

PAR LE MÊME. 1774.

204 L'intérieur d'une voute fouteraine ou defcend un grand efcalier; l'on y voit une jeune fille affife parlant à un enfant, & un homme appuyé fur un tonneau : deffin de forme ovale. Hauteur 12 pouc. largeur 10 pouces.

PAR LE MÊME.

205 Une Femme affife dans l'intérieur de fon appartement, & qui apprend à lire à fa petite fille : ce deffin eft de forme ronde. Diamètre 9 pouces.

PAR LE MÊME.

206 Deux deffins; l'un repréfentant le *Benedicite*, compofition de quatre figures; dans l'autre on voit des muficiens ambulants, compofition de cinq figures. Ces deux deffins ainfi que les précédents, font légérement coloriés & de l'effet le plus piquant. Hauteur 20 pouces, largeur 8 pouces.

PAR LE MÊME.

207 Deux Deffins à la fanguine fur papier blanc; l'un eft la vue d'un temple de Pœftum; l'autre eft celle de la *ville* Paufilippe près de Naples : ces jolis deffins font ornés de figures. Hauteur 19 pouces, largeur 22 pouces.

PAR LE MÊME.

208 Les ruines de l'*Hôtel-Dieu* de Paris , après l'incendie qu'il a fubi le 30 Décembre 1772. Hauteur 10 pouces , largeur 8 pouces.

M. LOUTHERBOURG.

209 Des Rochers , au pied defquels on voit trois foldats en repos : ce deffin dans le ftyle de Salvator-Rofa , eft lavé au biftre fur papier rougeâtre & rehauffé de blanc. Hauteur 18 pouces 6 lignes , largeur 14 pouces.

M. G. VAN. SPAENDONCK.

210 Deux Etudes de fleurs coloriées fur papier blanc ; l'un repréfente une branche de rofes , & l'autre une branche de rofes trémieres. Hauteur 16 pouces , largeur 12 pouces.

M. FRAGONARD.

211 Un Payfage offrant les intérieurs d'un jardin , dans le genre de ceux de la *ville* d'Eft , près de Tivoli , compofition riche , d'une touche & d'un effet très-piquant ; deffin au biftre fur papier blanc. Hauteur 18 pouces , largeur 21 pouces.

PAR LE MÊME.

212 La Vue d'un village fitué au bord d'une riviere , compofition dans le ftyle d'Hobéma , deffinée au biftre fur papier blanc , de même grandeur que le deffin précédent.

C iij

PAR LE MÊME.

213 Deux Deſſins au biſtre ſur papier blanc ; l'un offre au bord de la mer un rivage formé de rochers élevés, couronnés de fortifications ; on y diſtingue un fanal ſur une tour. L'autre repréſente les remparts d'une ville, & dans le milieu une tour ronde & d'autres fabriques. Ces Deſſins ſont diſtingués par le goût & la fineſſe de la touche. Hauteur 11 pouces, largeur 14 pouces.

PAR LE MÊME.

214 Un Deſſin au biſtre ſur papier blanc, compoſition de trois figures, repréſentant une jeune fille qui ſe défend de deux jeunes garçons. Il vient de la vente de M. Morel, n°. 375 de ſon Catalogue. Hauteur 16 pouces, largeur 20 pouces & demi.

M. HOUEL.

215 Deux Gouazzes repréſentant des chûtes d'eau à travers des rochers ; l'un eſt la caſcade de Tivoli. Ces deux morceaux intéreſſans par leur ſite & le mérite de leur exécution, font honneur au goût & au talent de cet Artiſte. Hauteur 28 pouces, largeur 21 pouces.

PAR LE MÊME.

216 La Vue d'une Voûte antique, dont le pied eſt baigné par des ſources ; l'ouverture laiſſe une échappée de vue dans une campagne riante, où l'on voit une femme gardant des moutons qui boivent à une

fontaine où deux autres femmes viennent puiſer de l'eau. Hauteur 16 pouces, largeur 21 pouces.

M. TAUNAY.

217 Un Payſage frais & agréable, où l'on voit pluſieurs hommes & femmes; on en remarque une qui ſe balance à l'eſcarpolette ; des maſſes d'arbres dans une campagne arroſée en tous ſens de ruiſſeaux, terminent cette jolie gouazze. Hauteur 9 pouces & demi, largeur 11 pouces & demi.

PAR LE MÊME.

218 Deux jolis pendans ; l'un offre ſur le devant un cavalier monté ſur un cheval blanc, dans l'éloignement, des fabriques, un pont; & dans le lointain, partie d'une ville. L'autre repréſente un Pâtre qui conduit un troupeau de divers beſtiaux ſur une éminence. Tout le monde connoît la fineſſe de ton & la touche ſpirituelle qui diſtinguent les ouvrages de cet Artiſte. Hauteur 3 pouces & demi, largeur 8 pouces & demi.

M. JULIEN, de Tou_louſe.

219 Une jeune Veſtale au temple, qui paſſe par l'épreuve du tamis en préſence d'un grand Prêtre & d'autres aſſiſtans. Cette compoſition de dix-ſept figures, eſt deſſinée au biſtre, rehauſſée de gris ſur papier blanc. Hauteur 16 pouces & demi, largeur 21 pouces & demi.

M. NIVARD, 1781.

220 Un Payſage enrichi de bâtimens & fabriques, ſur le devant deſquels eſt un moulin à eau, ſitué ſur une riviere où l'on voit ſur la gauche des femmes qui lavent & d'autres qui étendent du linge : les fonds offrent des maſſes d'arbres & des parties de terrein élevé. Un fini précieux & une grande vérité de ton rendent ce morceau très-capital. Hauteur 17 pouces & demi, largeur 23 pouces & demi.

M. MOREAU, Graveur.

221 La Vue du Cortége du Sacre de Louis Seize, au moment de ſon arrivée aux portes de l'Égliſe de Saint-Remy à Rheims. Ce Deſſin fait ſur le lieu, eſt d'une compoſition pleine de vérité & d'effet. Il ſeroit difficile de toucher avec plus de ſentiment & d'eſprit. Deſſin au biſtre rehauſſé de blanc ſur papier gris de Rome. Hauteur 14 pouces & demi, largeur 28 pouces.

PAR LE MÊME.

222 Herminie ſous les armes de Clorinde racontant ſes aventures au vieillard qu'elle rencontre occupé à treſſer un panier de jonc ; compoſition de cinq figures. Deſſin lavé à l'encre de la Chine ſur papier blanc. Hauteur 13 pouces & demi, largeur 16 pouces & demi.

PAR LE MÊME.

223 Loth & ſes Filles ; le fond offre la ville de So-

dôme en proie aux flammes. Ce Deſſin, bien compoſé, eſt de l'effet le plus piquant ; il eſt lavé au biſtre ſur papier blanc. Hauteur 8 pouces & demi, largeur 11 pouces & demi.

PAR LE MÊME.

224 Un Repos de la ſainte Famille en Egypte ; l'on voit un Ange qui allume du feu au pied d'une pyramide : cette compoſition neuve & piquante doit honorer le génie de ſon Auteur. Ce Deſſin eſt de même grandeur que le précédent.

M. LAVRINCE.

225 Une Gouache, compoſition de ſix figures, repréſentant un concert ſur le devant d'un jardin ; on y remarque deux enfans qui jouent avec un chien. Cette compoſition agréable eſt d'un ton harmonieux, & d'une touche fine & tranſparente. Hauteur 10 pouces & demi, largeur 13 pouces.

J. B. COSTE.

226 Deux Deſſins coloriés repréſentant des payſages où l'on voit différens monumens de l'Italie, dont pluſieurs du Campo Vaccino. L'autre offre parmi de grands édifices l'Arc de Septime Sévere. Hauteur 20 pouces, largeur 26 pouces.

J. PILLEMENT.

227 Des voûtes de rochers percés, qui en laiſſent

voir d'autres efcarpés & joints par un pont de
bois léger, où l'on voit des beftiaux conduits par
des pâtres. Ce Deffin à l'eftompe & à la pierre
noire fur papier blanc, eft pouffé au plus grand
effet. Hauteur 13 pouces & demi, largeur 20
pouces.

M. DESFRICHES.

228 Deux Payfages avec figures, enrichis de fabriques & rivieres. Ces Deffins font à la pierre
noire fur papier blanc. Hauteur 8 pouces & demi,
largeur 10 pouces.

M. MOREAU le jeune, 1777.

229 La Vue des ruines d'une ville; on y voit les
reftes d'une porte d'architecture gothique, ceux
d'un pont, & des fragmens de fortifications fur
lefquels font quelques figures. Ce Deffin vrai &
touché avec goût, eft au biftre rehauffé de blanc
fur papier bleu. Hauteur 13 pouces & demi, largeur 16 pouces & demi.

A. DAVID.

230 Deux grands Payfages; l'un repréfente un grand
chemin dans un bois, l'autre eft dans le ftyle de
Salvator Rofa. Ces Deffins font à la plume, & lavés à l'encre de la Chine & de biftre fur papier
blanc. Hauteur 24 pouces, largeur 19 pouces.

D'UN INCONNU.

231 Neuf petites Gouazzes fous le même cadre d'a-

près Pérignon, Houel, Wagner & autres. Haut.
11 pouces, largeur 14 pouces.

Par différens Maîtres.

232 Six Deſſins par Careſme, Pérignon, Schouman,
&c. qui ſeront diviſés.

DESSINS EN FEUILLES
DES TROIS ÉCOLES.

Salvator-Rosa & F. Boucher.

233 Deux deſſins à la plume ſur papier blanc ; l'un
repréſente un payſage dont les premiers plans
offrent au pied d'un rocher eſcarpé un chemin qui
conduit au bord d'une riviere : un pêcheur y deſ-
cend, on voit une barque à bord du rivage ; les
fonds ſont formés par une campagne bornée au
loin par des montagnes. Hauteur 11 pouces, largeur 7 pouces 6 lignes. L'autre par F. Boucher,
repréſente une jeune payſanne aſſiſe & trois enfans
couchés, elle en tient un dans ſes bras : ce deſſin
à beaucoup de grace & d'expreſſion. Hauteur 6
pouces 6 lignes, largeur 5 pouces 6 lignes.

Palmieri.

234 Deux Deſſins à la plume ſur papier blanc, repréſentant l'un un guerrier à genoux le regard élevé

vers le ciel ; l'autre un pere de l'Eglife porté fur
des nuages & dans la même attitude.

P. P. RUBENS.

235 Un Sujet allégorique à la recherche des monumens antiques, au bas eft écrit ce paragraphe *quod
tempus conficit virtus reficit* : deffin au crayon noir
lavé de biftre & rehauffé de blanc fur papier
roux.

C. G. ERNEST DIETRICH.

236 Deux Payfages, vues prifes des montagnes de la
Suiffe ; des pieces d'eau, de belles fabriques dans
les lointains ornent les différents plans de ces deffins, dont la touche précieufe & fpirituelle eft de
la plus grande facilité ; ils font à la pierre noire
lavés de biftre fur papier blanc.

HAKKERT.

237 Deux Payfages à la plume lavés de biftre fur
papier blanc, repréfentant des vues de la Suiffe ;
des pieces d'eau, des fabriques d'un genre pittorefque en ornent les différents plans où l'on voit
encore quelques figures.

PAR LE MÊME.

238 Deux Etudes de grands arbres avec des lointains ; les devants font ornés de figures : ces def-

fins font à la plume lavés de biftre fur papier blanc.

H. SCHOOTEN.

239 Une vue de Hollande prife de l'intérieur de la ville de Leyde un jour de foire ; cette vue enrichie de petites figures eft deffinée à la plume & coloriée ; elle joint au mérite de l'exactitude, beaucoup de fineffe dans l'exécution. Hauteur 9 pouces, largeur 12 pouces.

A. DIEU.

240 Huit deffins en trois feuilles, quatre à l'encre lavés de biftre; les quatre autres lavés à l'encre de la Chine : fujets du nouveau teftament.

RAYMOND DE LA FAGE.

241 Huit Deffins repréfentant divers fujets hiftoriques & des bacchanales; on remarque la mort de Laocoon étouffé par les ferpens, le fujet d'Agar, &c.; deffins à la plume lavés d'encre de la Chine, d'autres de biftre.

HYACINTE RIGAUD.

242 Deux Deffins à la pierre noire relevée de blanc, repréfentant des Maréchaux de France, vus en pied jufqu'aux genoux & dans le coftume militaire ; c'eft d'après ces deffins que l'on gravoit les tableaux de ce Peintre.

J. B. OUDRI.

243 Un Cerf aux abois environné de sept chiens, les fonds indiquent une forêt, de grands arbres ornent les devants : dessin à la plume lavé de bistre sur papier blanc. Hauteur 19 pouces, largeur 12 pouces.

LARUE.

244 Deux Dessins, l'un de Larue Sculpteur, représente des jeux d'enfans autour d'une statue de Pan ; l'autre représente la sépulture de Jésus-Christ, par Larue le Peintre : ces deux dessins sont à l'encre de la Chine lavée de bistre sur papier blanc.

DIFFÉRENTS MAITRES.

245 Copie d'une Statue antique, dessin au crayon rouge sur papier blanc, par Sally ; l'étude d'un fleuve & d'une nayade, par Ch. Natoire, dessins aux crayons noir & blanc sur papier gris, & une étude de femme, par M. Lagrenée l'aîné.

LE PRINCE.

246 Un paysage avec figures & animaux au bord d'une riviere traversée d'un pont.

PAR LE MÊME.

247 L'Étude de deux Vaches dans un paysage : dessin au crayon noir lavé de bistre.

PAR LE MÊME.

248 Deux Payfages ornés de figures : deffins à la
plume lavés de biftre.

PAR LE MÊME.

249 Deux Deffins à la plume ; l'un eft une fête de
village lavé à l'encre de la Chine ; l'autre repréfente une jeune Canéphore : deffin colorié.

J. B. LALLEMAND.

250 Deux Deffins à la plume lavés à l'encre de la
Chine ; repréfentants des ports de mer ornés de
figures , de chaloupes & de fabriques.

M. PIERRE

251 Deux Deffins à l'encre de la Chine relevés au
biftre ; l'un repréfente Saint Jean dans le défert
donnant le baptême , & l'autre Thefée lévant la
pierre où font les armes de fon pere , fa mere les
lui indique ; elle eft fuivie d'une troupe de foldats.

PAR LE MÊME.

252 Quatre Deffins ; l'un à la pierre noire lavé
de biftre brun , repréfente Sufanne furprife au
bain ; deux autres au crayon noir & lavés de
biftre repréfentent des facrifices ; le quatrieme repréfente deux jeunes enfans qu'une femme amene
auprès d'une autre , trois autres figures font auprès :
ces deffins font faits facilement & avec goût.

PAR LE MÊME.

253 Sept Etudes d'hommes & de femmes : deffins au crayon rouge fur papier blanc, & au crayon noir & blanc fur papier gris.

M. LAGRENÉE l'aîné.

254 Deux Deffins ; l'un au crayon noir relevé de blanc, fur papier blanc, repréfente le Repos de la Sainte-Famille en Égypte, compofé de trois figures ; l'autre eft le Retour d'Apollon chez Thétis, compofition riche & agréable de douze figures, deffin lavé de biftre & rehauffé de blanc, fur papier roux.

PAR LE MÊME.

255 Six Études d'Homme & de Femme, deffins au crayon rouge fur papier blanc, & au crayon noir fur papier gris.

LAGRENÉE le jeune.

256 Deux Deffins lavés de biftre, l'un repréfente Rémus & Romulus trouvés par les bergers, compofition de huit figures : on y remarque deux femmes. L'autre offre un jeune homme qui s'approche d'une jeune femme qui tient un enfant, un troupeau de vaches & de moutons eft auprès d'eux. Ces Deffins, compofés avec goût, ont une touche facile.

M. ROBERT.

257 Deux Deffins à la plume & coloriés ; l'un repréfente

préfente l'Arc de Drufus, aupres duquel on voit plufieurs figures ; l'autre offre l'Intérieur d'un Monument antique , où l'on voit des fragmens de ftatues. Plufieurs grouppes de figures ornent ce joli Deffin.

PAR LE MÊME.

258 Un Deffin à l'encre relevé de biftre, repré-fentant l'Adoration des Bergers, compofition de douze figures, la crêche eft formée d'un Monument antique qui offre une galerie en voûte à perte de vue.

PAR LE MÊME.

259 Quatre Deffins au crayon rouge, repréfentant des Monumens de Rome & des Payfages, l'un defquels eft dans le genre de Boucher. Ces Deffins font diftingués par une touche libre & fpirituelle.

PAR LE MÊME.

260 Deux Deffins à la plume & coloriés, faifant pendans, repréfentant des Payfages ornés chacun de deux figures, l'un offre l'Éclufe d'un Moulin.

PAR LE MÊME.

261 Deux Deffins à la plume coloriés ; l'un offre des Laveufes au bord d'une riviere dans un pay-fage, l'autre repréfente deux jeunes Filles auprès d'un puits formé des reftes d'un tombeau antique entre deux colonnes ; le fond eft un Payfage.

D

PAR LE MÊME.

262 Deux Deſſins à la plume; l'un eſt lavé de biſtre, & repréſente les Ruines de l'Hôtel-Dieu de Paris, après l'incendie de 1773, l'autre colorié offre celles d'un Temple de Peſtum. Ces deux Deſſins ornés de figures ſont très-pittoreſques.

PAR LE MÊME.

263 Deux Deſſins à la plume coloriés; l'un offre des Ruines de Monumens, l'autre eſt une Vue des environs de Gênes. Ces Deſſins ſoignés ſont touchés agréablement.

J. B. HUET.

264 Deux Payſages peints à gouazze; l'un offre des beſtiaux dans un chemin au bord d'un torrent traverſé d'un pont qui mene à des fabriques; l'autre repreſente à droite une ferme au bord d'une riviere que des beſtiaux traverſent, conduits par une jeune fille montée ſur un mulet. Ces Payſages ſont frais & très-agréables.

PAR LE MÊME.

265 Deux Payſages où l'on voit ſur le devant un troupeau de beſtiaux en repos & quelques figures, deſſins au crayon noir, lavé de biſtre,

M. MOREAU, (Graveur)

266 La Mort d'Adonis, compoſition de douze figures;

on voit Vénus qui se précipite de son char à la vue d'Adonis. Ce Dessin, lavé de bistre & rehaussé de blanc, offre un trait élégant.

M. FRAGONARD.

267 Trois Dessins au crayon rouge, sur papier blanc, l'un est une Vue d'Italie, l'autre est l'intérieur d'un jardin; le troisieme est un site pris des environs d'Étampes. Ces Dessins sont touchés avec esprit.

PAR LE MÊME.

268 L'Éducation de la Sainte Vierge, par Sainte Anne; on voit en haut un groupe d'Anges. Dessin capital d'un grand effet, lavé de bistre sur papier blanc.

PAR LE MÊME.

269 Un Dessin au bistre, sur papier blanc, composé de deux figures.

PAR LE MÊME.

270 Deux jolis Dessins d'une composition agréable & d'une touche spirituelle; l'une représente une jeune Paysanne tenant un enfant dans ses bras; l'autre un jeune Paysan. Ces deux Dessins sont au bistre.

PAR LE MÊME.

271 Deux Dessins d'après des Tableaux du Calabrese qui sont en Italie. Dessins lavés de bistre.

PAR LE MÊME.

272 Une Vue de la *ville* d'Est en Italie; vue de l'in-

térieur des jardins qui font ornés de ftatues. Deffin lavé de biftre.

P A R   L E   M Ê M E.

273 L'Adoration des Bergers, compofition de fept figures. Ce deffin, d'une touche facile & pleine d'efprit, eft au crayon lavé de biftre.

P A R   L E   M Ê M E.

274 Un Deffin au biftre fur papier blanc, compofé de trois figures ; c'eft une jeune femme qui fait affeoir fon enfant fur un dogue qu'un homme retient par le mufeau. Ce deffin eft fait avec efprit.

M. M O U C H E T.

275 Une jeune fille en chemife, affife fur un lit & jouant avec un chat angora. Cette gouazze, de forme ronde, eft connue par l'eftampe gravée par *Marcet* & finie par Anfelin, fous le titre de la *Méprife*. Hauteur 9 pouces, largeur 7 pouces.

P A R   D I F F É R E N S   M A I T R E S.

276 Deux Deffins à la plume, repréfentant l'un la vue du Panthéon & de l'Églife Santa Maria à Rome; l'autre une vue du Véfuve. Ces deux deffins ont appartenu au Roi Jacques, dit le Prétendant.

P A R   D I F F É R E N S   M A I T R E S.

277 Un Porte feuille contenant plufieurs deffins, dont quelques-uns capitaux, & des eftampes, qui feront divifées lors de la vente.

ESTAMPES MONTÉES.

278 Soixante-une Estampes montées, dont dix en ma-
nière noire, gravées à Londres, *savoir*; Régulus
par B. West, *l'Académie* par Zoffany : divers Por-
traits & des Paysages ; la Tempête & les Baigneuses
de *Vernet*, par *Balechou* ; la Mort du Général
Wolf ; deux Paysages par Woollet ; la Descente de
Croix par Wostermans ; les Fêtes de Village de
Téniers ; les Œuvres de Miséricorde ; l'Enfant Pro-
digue, par le Bas ; le Marché aux herbes d'Amster-
dam & autres, par Wille, Strange, Aliamet, l'Em-
pereur, Desmarteau & autres habiles graveurs, qui
feront détaillées dans les vacations & vendues aux
commencemens.

*TERRES cuites, Bronzes, Marbres,
Agates, Porcelaines, Meubles précieux
de Boule & autres Objets.*

CLODION.

279 Un Vase de terre cuite, de forme antique, avec
gorge à gaudron & anses à serpens. Il est enrichi
sur la panse d'un bas-relief représentant une danse
de femmes. Hauteur 14 pouces, diamètre 8 p.

P A R   L E   M Ê M E.

280 Deux Bas-reliefs en terre cuite ; l'un repréſente une femme qui trait une chèvre ; l'autre repréſente l'Amour couronné par une femme. Ces ſculptures, de forme ronde, ont 6 pouces 6 lignes de diamêtre.

F I G U R E S   D E   B R O N Z E.

281 Une Figure de Femme ailée, drappée dans le ſtyle antique, les bras en l'air, caractériſant la Fortune & poſant un pied ſur une boule d'albâtre, avec piédeſtal en marbre blanc, enrichi de panneaux à figures, buſtes & maſcarons en bronze doré. Ce Bronze, fait à Rome, eſt fort rare.

Idem.

282 Le Gladiateur, poſé ſur piédeſtal, fond noir, orné de quatre conſoles à figures, termes, de maſcarons & moulures. Hauteur 26 pouces, ſur 15 pouces de large.

Idem.

283 Un Enfant couché, endormi ſur un couſſin garni de ſocle à feuilles d'eau & bandeau breté, ſupporté par quatre gaînes à gaudron. Hauteur 9 pouces, ſur 22 pouces de long.

J.   D E   B O U L O G N E.

284 Un Grouppe de deux Figures en bronze, repréſentant le Centaure Neſſus terraſſé par Hercule.

Cette compofition , d'un grand ftyle , offre un beau caractere & une grande nobleffe de deffin. Hauteur 13 pouces & demi , largeur 11 pouces. Le focle quarré eft en cuivre doré à panneau à frife d'ornement & feuilles d'eau. Hauteur 21 lignes, largeur 9 pouces.

LE GROS.

284 *bis.* Pœtus & Aria , très-beau grouppe en bronze de 20 pouces de haut fur 15 de large , pofé fur un focle de cuivre doré avec gorge & entre-las.

M. BOIZOT.

285 Un bas relief en bronze, repréfentant trois jeunes filles qui élevent la ftatue de l'Amour fur un piedeftal ; cette compofition d'un deffin élégant & correct eft des plus agréables. Hauteur 8 pouces 6 lignes , largeur 10 pouces.

BRONZE.

286 Deux Buftes de proportion naturelle ; l'un repréfentant la Vénus Médicis , l'autre le bufte d'un jeune homme ; tous deux terminés avec foin , & pofés fur des pieds en marbre. Hauteur 18 pouces.

Idem.

287 Deux Vafes d'une forme agréable & de bon genre, la gorge à cannelures , le corps en culot & larges rinceaux d'ornemens , fur piédouche à feuilles d'eau en couleur antique ; ils font enrichis de confoles à enroulement à larges rinceaux : le

focle bretté & autres ornemens dorés d'or mat.
Hauteur 20 pouces.

Idem.

288 Deux Vafes de forme oblongue à anfes de ferpens, à cartouches & bas relief de jeux d'enfans,
fur focle quarré à fleurons & bandeaux brettés
dorés d'or mat, avec piédeftal en brocatelle d'Efpagne. Hauteur 14 pouces 6 lignes.

A G A T E.

289 Une-très belle Caffolette herbée, fond brunâtre
de forme ovale ornée de boutons & rofaces, gorge
à jour, à frifes d'ornemens, fupportée par quatre
confoles arabefques à griffes de lion avec baluftres
à ferpens, pied & avant corps à gaines fur piédeftal en brocatelle d'Efpagne, garni de focle à
feuilles d'ornemens. Hauteur 9 pouces 6 lignes.

Idem.

290 Une Caffolette couverte fond rougeâtre, garnie
de gorges à jour ouvragée, à anneaux & confoles
à griffes d'aigle, avec culot & pied en triangle
fur piédeftal, à pans en marbre noir. Hauteur 9
pouces 6 lignes.

Idem.

291 Une Caffolette ovale, couverte, garnie à mofaï-
que, à jour & fupportée par trois confoles en
volute à griffes de lion, avec culot & baluftres,

fur focles d'albâtre avec boules. Hauteur 8 pouces 6 lignes.

Idem.

292 Deux Flambeaux d'Agate rubannée à baluftre & cannelures torfes, & focle à pans garnis de bobeches à feuilles d'eau, piédouche & focle à cannelures & ozier. Hauteur 9 pouces 4 lignes.

CRISTAL DE ROCHE

293 Un Luftre de criftal d'une belle eau, il eft à huit branches garnies de groffes poires, & la carcaffe eft en cuivre doré. Hauteur 3 pieds 10 pouces, diamètre 2 pieds 6 pouces.

PORPHYRE ROUGE

294 Une belle Vafque avec rofaces en dedans ; elle eft pofée fur un piédouche avec focle de belle forme & d'un beau poli : ce morceau capital porte 9 pouces de hauteur & a 17 pouces de diamètre.

Idem.

295 Un très-beau Vafe de porphyre, couvert, forme de nacelle fur fon piédouche, il eft orné de deux petits Amours debout, tenant une couronne, avec attributs de mufique & de fculpture ; le pourtour à têtes de bélier & guirlandes de laurier, fur un riche piédeftal à panneaux à rinceaux d'arabefques, & moulures à feuilles d'ornemens en bronze doré d'or mat. Hauteur 21 pouces fur 18 de largeur.

ALBATRE.

296 Deux Vases d'albâtre oriental rubané, parfaite-
ment accidentés, forme de médicis ; l'intérieur
évidé : ils font pofés fur piédouche & focle de marbre noir. Haut. 14 pouces, diamètre 10 pouces 6
lignes.

PIERRE DE TOUCHE.

297 Un Vafe de pierre de touche en forme de cuve
antique & couvert , garni de gorges à entrelas &
rofettes ; d'anfes quarrées terminés en confoles , &
d'une grenade fur le couvercle fervant de bouton.
Ce morceau rare eft porté fur un focle quarré à
panneaux d'ornemens à la grecque , & moulures
en bronze doré ; pofé fur un fecond focle quarré
plaqué de marbre Africain , avec encadrement
de moulures en cuivre doré. Hauteur totale 12
pouces. Il vient des ventes de M. de Gagny, n°.
430 de fon catalogue , & de M. le Ch. de
Clêne , n°. 160 , où il fût vendu 1022 liv.

JAUNE ANTIQUE.

298 Deux Coupes bien évidées & de belle forme
fur piédouche. Hauteur 6 pouces, diamètre 12
pouces.

VERT D'ÉGYPTE

299 Un vafe bien évidé forme d'ove tronquée ;
avec couvercle à gaudron & pomme de pin ; le

devant enrichi de têtes d'Apollon & de chutes de draperies venant s'attacher fur les anfes de forme quarrée, avec culot à feuilles d'achante & guirlande de laurier ; le tout en bronze doré d'or mat par *Gouttier*. Hauteur 14 pouces , largeur 8 pouces.

VERT CAMPAN ROUGE.

300 Deux Vases forme de médicis bien évidés. Hauteur 10 pouces , diamètre 7 pouces

---

PORCELAINE ANCIENNE
DE PREMIERE QUALITÉ COLORIÉE.

301 Deux Caffolettes à dragons , branchages de fleurs & pomme de pin fur le couvercle ; la gorge & les cercles de bronze à entrelas & anneaux , pofées fur un trepied à culot, cercles & pieds de bronze doré d'or mat , élevées fur des futs de granit couleur de rofe , avec bafe à rubans & feuilles d'eau , auffi de bronze doré. Hauteur des futs 4 pouces. Ces deux morceaux cu- rieux viennent de la vente de Madame la Ducheffe Mazarin , n°. 37 où ils ont été vendues 1500 l. , & depuis de celle de M. le Chevalier Lambert , n°. 247 de fon catalogue vendus 1482.

Idem.

302 Un Vafe rond , à deffins de riches ramages, fleurs & oifeaux ; fur le couvercle eft un oifeau de

relief fur un trônc d'arbre , la gorge à jour ; à rofaces & à branchages de myrthe à anneaux fur trépied à cul de lampe , & confoles à griffes de lion, & plinte à avant corps, d'où fort une flamme : le tout fur piédeftal en marbre cervelas. Hauteur totale 33 pouces.

Idem.

803 Un Cornet très-rare en ce genre , orné de gorge & pied ouvragés en bronze doré & à deffins de plantes & bouquets. Hauteur 16 pouces.

Idem.

804 Deux Flacons couverts , à quatre pans , à grouppe d'oifeaux, cygognes , arbuftes & fleurs, & à deffins verts & rouges fur le haut de la panfe , garnis de cercles & gorge à entrelacs , à jour & pied breté à griffes de lion. Hauteur 13 pouces.

Idem.

805 Deux Jattes à côtes , à bouquets & gerbes fur le pourtour & fleurs en dedans , fur pied breté à quatre confoles , à pieds de biche. Hauteur 6 pouces 6 lignes , diamètre 8 pouces 6 lignes.

PORCELAINES BLEU CÉLESTE D'ANCIEN LA CHINE.

306 Un Vafe à anfe , couvert , formant Buire , garni de gorge à gaudrons , mafcarons & confole à

rinceau, piédouche à gaudron & cannelures, dans
une jatte ovale à côtes, de forte rare, auffi garnie
de cercles à confoles, à pied de biche. Hauteur 11
pouces 9 lignes.

Idem.

307 Deux Lions, de belle efpece, fond uni, fur
focle violet; l'un avec chimeres & l'autre la patte
appuyée fur une boule, formant girandoles à deux
branches, d'où fort une tige de rofe, avec pied
à feuilles d'ornemens, doré d'or mat. Hauteur 10
pouces.

Idem.

308 Deux Magots rieurs, portant deux caffolettes de
même genre, garnis de couvercles, gorge à jour,
branchages & pied en bronze doré. Hauteur 6
pouces.

Idem.

309 Un Chien affis, fond uni, de genre peu répété,
fur couffin à quatre glands dorés d'or mat. Hauteur
6 pouces 6 lignes.

ANCIEN CÉLADON.

310 Une belle Garniture, compofée de cinq morceaux, favoir; deux Carpes, deux jolis Vafes à
anfes, pris dans la pâte, & un Fruit des Indes pour
morceau de milieu. Le tout monté dans le genre
chantourné, d'un beau fini & bien doré.

PORCELAINE BLEU TURC.

311 Deux très-beaux Vases à panse de lisbet, avec
baguettes dorées, enrichis de gorge à jour, à lo-
fanges ; les bords à gaudrons & moulures, les gorges
& anses à enroulemens, mascarons & guirlandes,
terminés par un focle à avant-corps, à panneaux
brettés, moulures & tors de lauriers en bronze
doré d'or mat. Hauteur 26 pouces, diamètre y
compris la faillie des anses, 24 pouces.

Idem.

312 Deux Vases de même proportion & garniture
que les précédens.

MARQUETERIE DE BOULE.

313 Un Cabinet fait par Boule, à riches deffins, en
cuivre & étaim, premiere partie fur fond écaille,
ouvrant à un battant à quatre tiroirs dans l'intérieur ;
le devant enrichi d'un médaillon de Louis XIV,
avec guirlande de lauriers, encadrement à plates-
bandes & zéphirs, terminé par un rinceau à griffes
de Lion & mascarons ; les côtés à quatre tiroirs,
aussi garnis de cadres ; l'entablement à feuilles d'or-

nemens : le tout fur pied à avant-corps très-orné ,
le deffus en marbre de griotte. Hauteur 37 pouces ,
largeur 29 pouces , profondeur 16 pouces 6 lignes.
Ce meuble & les fuivans font intéreffans par leur
forme , la beauté de la marqueterie & le bon genre
des ornemens.

Idem.

314 Un joli Bas d'Armoire , enrichi d'une porte à
panneaux de marquetterie, accompagné de deux
pilaftres garnis de moulure & de mafque fur les côtés.
largeur 32 pouces.

Idem.

315 Deux autres enrichis fur les portes de figures de
bronze, repréfentant l'Autonne & l'hiver. Les ta-
blettes de ces deux meubles font de beau marbre
fin. Largeur 36 pouces.

Idem.

316 Deux Bas d'Armoires , premiere partie fur fond
écaille ouvrant à un battant, enrichi d'un médaillon
ovale à vafes fond cuivre & étaim , avec cadre à
nœud de ruban & feuilles d'eau ; les champs à
mafcarons de Bacchus & les côtés de même : le tout
terminé par un pied à avant-corps très-orné , avec
tablette en griotte d'Italie. Hauteur 36 pouces ,
largeur 26 pouces 6 lignes , profondeur 14 pouces.

Idem.

317 Une Commode de *Boule* en marqueterie, fond
cuivre liffe, à fleurs en étaim, ouvrant à trois tiroirs,
les côtés de forme cintrée, avec gaines en avant-
corps, à large volutes à rinceaux : l'entablement
& les côtés à moulures, à feuilles ; elle eft enrichie
fur la face de cadres, mafcarons, rofaces & autres
acceffoires, & fupportée par fix pieds en limaçon,
avec deffus en marbre cervelas de forme cintrée.
Hauteur 33 pouces, largeur 48 pouces, fur 20 pou-
de profondeur.

Idem.

318 Deux riches gaines, à trois panneaux de marqueterie, premiere partie à larges fleurons fond cuivre
& étaim fur écaille, chapiteau quarré en avant-
corps à vouffure, avec cannelures en écaille bleue
& rinceaux d'ornement & équerre fur les angles ;
le milieu de chaque panneau, enrichi de mafcarons
de Satyre & cadres à feuilles d'eau & roface,
terminées par un focle en avant-corps à moulures
à gaudron, fupporté par huit boules en bronze
doré. Hauteur 48 pouces, fur 14 pouces de profondeur.

Idem.

319 Deux Gaînes en marqueterie feconde partie,
de mêmes proportions & ornemens que les précé-
dentes.

Idem.

Idem.

320 Deux petites Gaines nommées Torcheres, figurant fur le devant le demi-cercle d'un fût de colonne, portant fur une efpèce de pilaftre en arrière corps, orné de chaque côté d'en haut d'une tête de lion & chûtes d'ornement, terminé par une riche moulure en vouffure & pofées fur focle garni de cadres, mafcarons & rofaces, fupportées par quatre boules. Hauteur 37 pouces 6 lsgnes.

Idem.

321 Une Pendule par Boule, forme de cartel, fur un pied à cul-de-lampe à rinceaux d'ornemens, avec deux coqs pour fupports ; le cartel dans fa boëte ronde eft orné fur les côtés de mafques & de guirlandes, & furmonté d'un vafe en aiguiere, il vient de la vente de M. Julie de Lalive. Hauteur 36 pouces, largeur 15 pouces.

Idem.

322 Deux Bras de cheminée en bronze doré à deux branches. Ils viennent de la Collection de M. de Boiffet. Hauteur 22 pouces.

Idem.

323 Une paire de Bras à deux branches de genre arabefques, fufpendue à un brandon, fupérieure

E

ment finis & dorés au mat par Goutiere. Hauteur
18 pouces.

FIN.

Lu & approuvé, ce 6 Novembre 1787. COCHIN.

De l'Imprimerie de PRAULT, Imprimeur du Roi,
quai des Augustins.

FEUILLE DE DISTRIBUTION

DE LA VENTE DU CABINET

DE M. LE DUC DE CH***.

PREMIERE VACATION.

Le Lundi 10 Décembre 1787, rue de Cléry, n°. 96.

TABLEAUX DE L'ÉCOLE D'ITALIE.

N°. 4 Barthelemi Schidone.
6 François Albane.
7 Maria Crespi.

ÉCOLES DE FLANDRES ET DE HOLLANDE.

14 Paul Bril.
15 Pierre Neffs & Beugel.
24 David Teniers.
31 Nicolas Berchem.
38 Gaspard Netscher.
39 François Van Mieris.
44 J. Ruisdaal.
48 Adam Pinakert.
51 Hermand Swane Velde.
53 J. Liengelbac.

ÉCOLE FRANÇOISE.

65 M. Vernet 2 Tableaux.
68 M. Lagrennée l'aîné.

N°. 70 J. B. le Prince.

DIFFÉRENS OBJETS.

86 Deux Fûts de Porphyre rouge.
88 Une Tasse de Serpentin.
90 Deux Pyramides de Crystal de roche.
91 Trois autres morceaux.
92 Deux Vases séladon.
99 Une Pendule, J. le Roi.

Suite.

100 Copie de Raphaël.
103 Vollaire, & T.
108 Teniers Canal. T.
114 Wouvermans. T.
120 Jean Assilyn. T.
125 Antonisens. T.
128 Van Derverf. T.
129 Partie quatre Lots.
135 Imbert. T.
137 Moor. T.

A

N°. 178 Partie , cinq Lots d'Eftampes.
280 Deux Bas-reliefs, Clodion.
285 Bas-relief en bronze.
290. Une Caffolette d'agate.
294 Porphyre rouge, une vafque.
300 Deux Vafes verds , Campan.

304 Deux Flacons , Porcelaine.
305 Deux Jattes.
306 Un Vafe.
316 Deux bas. d'armoires.
320 Deux Gaînes.
323 Une paire de Bras.

DEUXIEME VACATION.

Le Mardi 11 Décembre 1787.

TABLEAUX DE L'ÉCOLE D'ITALIE.

N°. 1 P. Perrugin.
2 André Solario.
8 Dorche.

ÉCOLES DE FLANDRES ET DE HOLLANDE.

10 J. Both & Corneille.
16 Corneille Polemburg.
21 David Teniers , les Œuvres de Miféricorde.
29 J. Wynantz.
32 Nicolas Berchem.
40 J. B. Weninx.
43 J. Affelyn.
45 Vantol.
49 L. Backuyfen.
50 Breklerkamp.
56 G. E. Dietricci.

ÉCOLE FRANÇOISE.

57 S. Bourdon.
59 Glaude Lorrain.
63 F. Lemoine.
67 M. Fragonard.

DIFFÉRENS. OBJETS.

77 La Fortune en bronze.
79 Deux Vafques de jafpe.
81 Deux Caffolette de vert antique.
85 Deux Cuves de Porphyre rouge.
87 Plufieurs Fûts de colonnes & de porphyre.
89 Deux Vafes Médicis.
93 Deux Pots - pourris , quarrés à tête d'Eléphant.
98 Une Pendule par Sattiau.

N°. Léonard de Vincy.
102 J. P. Panini.

Suite.

106 Chimyfte de D. Te-
niers. T.
110 J. Ruifdaal & Wouwer-
mans. T.
112 G. Terbourg. T.
113 J. Winants. T.
117 N. Berchem. T.
127 Robert. T.
129 Partie , deux Lots.
134 Imbert. T.
136 Mouchet. T.

278 Cinq Lots d'Eftampes.
279 Un Vafe de Clodion.
284 *Bis.* Aria & Pœtus , en
bronze.
288 Deux Vafes d'agate.
292 Deux Flambeaux d'a-
gate.
295 Un Vafe de porphyre.
302 Un Vafe de porce-
laine.
307 Deax Lions bleus &
violets.
312 Deux Vafes de porce-
laine.
315 Deus bas d'armoires.
319 Deux Gaînes.

TROISIÉME VACATION.

Du Mercredi 12 Décembre. 1787.

ÉCOLE D'ITALIE.

N°. 9 P. Lucatelli.
10 F. Solimene.
11 C. Cigniani.

ÉCOLES FLAMANDE ET
HOLLANDOISE.

18 Bartholomé Bréemberg.
22 Deux Teniers.
27 Adrien Van Oftade.
30 Deux P. Wouwermans.
35 Adrien Van Denvelde.
37 J. V. Derheyden.

41 G. de Laireffe.
42 Karel du Jardin.
46 J. Miel.
47 C. Bega.
52 J. Steen

ÉCOLE FRARÇOISE.

58 Le Nain.
62 Antoine Vatteau.
64 C. Natoire.
71 J. B. le Prince.

DIFFÉRENS OBJETS.

74 Girardon , marbre.

76 Un pied triangulaire en bronze.
78 Un Vafe d'agate orientale.
81 Deux Caffolettes de verd antique.
83 Deux Vafes de ferpentin.
94 Six morceaux de terre des Indes.
75 Deux Flambeaux d'ancien Saxe.

Suite.

101 *bis*. Deux J. Paul.
109 Chambre de Teniers.
111 Ad. Oftade.
116 G. Schalchen.
118 Berchem.
126 Robart.
131 Deux Wetteau.

133 M. Greuze.
143 Candide.
178 Eftampes, cinq Lots.
281 La Fortune, en bronze.
283 Un Enfant couché. *Idem.*
286 Deux Buftes. *Idem.*
291 Une Caffolette d'agate.
296 Deux Vafes d'albâtre.
299 Un Vafe verd d'Égypte.
303 Un Cornet de porcelaine.
308 Deux Magots rieurs.
311 Deux Vafes.
314 Un bas d'armoire de Boule.
318 Deux Gaînes, *Idem.*
322 Deux bras de cheminée, de Boule.

QUATRIEME VACATION.

Du Jeudi 13 Décembre 1787.

ÉCOLE D'ITALIE.

Nº. 3 Deux Gobbo des Carraches.
5 Salvator Rofa.
12 Gafparo Van Vitelli.
13 Deux, J. P. Panini.

ÉCOLES FLAMANDE ET HOLLANDOISE.

17 Bartholomé Bréemberg.

Nº. 19 Par le même.
23 David Teniers.
26 G. Terbourg.
28 *Gérard Dow.*
33 Nicolas Berchem.
34 Adrien Van Denvelde.
36 Willem Van Denvelde.
54 Guillaume Mieris.
55 Le Chevalier Vander Werf.

ÉCOLE FRANÇOISE.

60 Uſtache le Sueur.
61 J. B. Santerre.
66 M. Greuze.
69 M. Lagrénée jeune.

DIVERS OBJETS.

72 Etienne Falconnet.
73 Le Gros.
80 Albâtre Fleuri.
82 Deux Piedeſtaux grand antique.
84 Porphyre rouge.
96 Une Table de pierre précieuſe.
97 Un riche Meuble.

Suite.

104 La Buzzi.
105 A. Cuyp.
107 Teniers; fête.

115 Laireſſe.
119 J. Aſſelin.
121 Deux Van Keſſel.
122 Franck.
129 Partie.
131 Deux, Pæter.
132 M. Vernet.
278 Cinq Lots d'Eſtampes.
282 Le Gladiateur en br.
284 J. de Boulogne. *Idem.*
287 Deux Vaſes.
289 Une Caſſolette d'agate.
293 Luſtre de criſtal de roche.
297 Un Vaſe de pierre de touche.
298 Deux Coupes jaunes, antiques.
300 Deux Caſſolettes.
309 Un Chien porcelaine.
310 Céladon cinq pieces.
313 Un Cabinet de Boule.
317 Une Commode, *Idem.*
321 Une Pendule de Boule.

LE Vendredi 14, & Samedi 15, on vendra tous les Deſſins montés & en Feuilles.

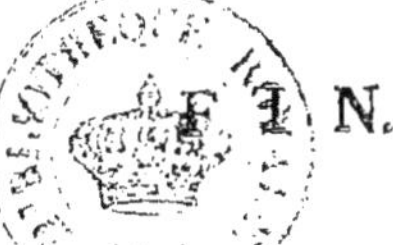

F I N.